Abnehmen & Schlemmen mit Skyr

90 leckere Rezepte für Frühstück, Mittagessen, Abendbrot und Nachtisch

Inklusive Brötchen, Aufstrich, Smoothie, Muffin, Keks und Kuchen Rezepte

Mit Wochenplaner

1. Auflage

WirmachenDruck.de
Sie sparen, wir drucken!

Alle Ratschläge in diesem Buch wurden sorgfältig erwogen und geprüft. Eine Garantie kann dennoch nicht übernommen werden. Eine Haftung des Autors beziehungsweise des Verlags für jegliche Personen-, Sach- und Vermögensschäden ist daher ausgeschlossen.

Inhaltsverzeichnis

WOCHENPLANER ... 9

VORWORT ... 11

SKYR FRÜHSTÜCK ... 12

SKYR HONIG BOWL ... 13
SKYR KAKI BOWL ... 14
SKYR EIERSALAT ... 15
SKYR FRÜHSTÜCKS CALZONE ... 16
SKYR PÄCKCHEN ... 17
SKYR LACHSCREME FÜR BRÖTCHEN ... 18
SKYR OFENBROT ... 19
SKYR SONNENBLUMEN BROT ... 20
SKYR SCHOKOAUFSTRICH ... 21
SKYR BRÖTCHEN ... 22
SKYR WINDBEUTEL HERZHAFT ... 23
SÜßE SKYR KNÖDEL MIT ERDBEEREN UND MOHN ... 24
SKYR FLADEN ... 25
SKYR FETA CREME ... 26
SKYR FRÜHSTÜCKSPAPRIKA ... 27

SKYR MITTAGESSEN ... 28

SKYR BOWL ... 29
SKYR NUDELN MIT TOMATENSOßE ... 30
SKYR BROKKOLI TASCHEN ... 31
SKYR ZIEGENKÄSE WILDKRÄUTERSALAT ... 32
SKYR TZATZIKI ... 33
SKYR FLAMMKUCHEN ... 34
SKYR MÖHREN SALAT ... 35
GURKENSPIRELLI MIT SKYR CREME ... 36
GURKEN MINZE SUPPE MIT SKYR ... 37
SKYR NAAN ... 38

Skyr Tomaten Muffins 39
Skyr Käse Pfannkuchen 40
Skyr Marillen Knödel 41
Skyr Linsen Salat 42

Skyr Abendessen 43

Skyr Mandarinen Auflauf 44
Linsen Skyr Fladen 45
Skyr Hot Dog Pizza 46
Skyr Topfen mit Bärlauch 47
Skyr Hackbraten 48
Bulgur Minz Salat 49
Skyr Knöpfle mit Speck 50
Skyr Burger 51
Skyr Knödel auf Rhabarber 52
Skyr Barogi 53
Skyr Blechbrot mit Speckmohn 54
Kartoffeln mit Weintrauben-Skyr 55
Skyr Matjes mit Kartoffeln 56
Skyr Gemüsebrot 57
Skyr Hackfleischrolle 58
Skyr Dip mit Tomaten 59
Skyr Dip mit Kartoffeln 60
Mit Skyr gefüllte Avocado 61
Skyr Lende im Schlafrock 62
Skyrrolle mit Hackfleisch 63
Skyr Schnitzel mit Ananas und Käse 64
Skyr Crepes 65
Ofengemüse mit Skyr 66

Skyr Smoothies 67

Skyr Smoothie herzhaft 68
Erdbeer Skyr Smoothie 69
Heidelbeere Smoothie 70
Bananen Skyr 71

Skyr Limetten Smoothie 72
Skyr Aprikosen Karotten Smoothie 73
Skyr Mandel Smoothie 74
Grüner Skyr 75
Apfel Orangen Smoothie mit Skyr 76

Skyr Nachtisch und Snacks 77

Skyr Frozen Berry 78
Skyr auf Kokos mit Avocado 79
Skyr Frozen Mango 80
Skyr Eisfrüchte 81
Skyr mit Himbeeren und Vanille 82
Skyr Kekse 83
Skyr Waffeln 84
Skyr Käsekuchen 85
Pfefferminz Skyr 86
Skyr Tiramisu 87
Pfirsich Eiscreme 88
Skyr mit heißen Himbeeren 89
Skyr Kokosriegel 90
Frozen Skyr Riegel 91
Apfel Skyr 92
Skyr Eiscreme mit Kokosmilch 93
Skyr Schmarren 94
Skyr Muffins 95
Skyr Melone mit karamelisierten Chia Samen 96
Skyr Remoulade 97
Skyrcreme mit Ananas und Basilikum 98
Skyr Bälle 99
Wolken Skyr 100
Nusstörtchen mit Skyr 101
Skyr Muffins 102

MEIN WOCHENPLANER

WOCHE:

	FRÜHSTÜCK	MITTAGESSEN	ABENDESSEN	SNACKS
MO				
DI				
MI				
DO				
FR				
SA				
SO				

EINKAUFSLISTE

Vorwort

Skyr, das Kraftpaket!

Skyr kommt aus Island und ist ein Milchprodukt, das weder Quark noch Joghurt ist. Er besteht aus Kuhmilch, die mit Lab angedickt wird.

Skyr hat nur 66kcal auf 100g, nur 0,2% Fett, aber 11% Eiweiß, dazu 150mg Kalzium auf 100g sowie viel Kalium und Magnesium. Wegen des geringen Fettanteils ist Skyr für die Gewichtsabnahme geeignet. Durch den hohen Eiweißanteil ist Skyr dennoch langanhaltend sättigend.

Skyr ist zum Rohverzehr ebenso wie zum Kochen geeignet. Er ist in etlichen Geschmacksrichtungen erhältlich, ist frisch und fruchtig wie ein Joghurt und doch so stärkend wie ein Quark. Skyr Natur schmeckt leicht säuerlich wie Joghurt.

Mit dieser Rezeptsammlung können Sie viele tolle Skyrrezepte leicht zubereiten - für Ihr Frühstück, das Mittagessen, den Nachtisch, das Abendessen sowie Smoothies, Kekse und Kuchen für Zwischendurch.

Viel Spaß beim Kochen und guten Appetit!

Skyr Frühstück

Skyr Honig Bowl

Zubereitungszeit: 10 Minuten

Schwierigkeitsgrad: leicht

Zutatenliste für 2 Portionen:

450g Skyr Honig, 2 Birnen, 200g Haferflocken, 200g Beeren, 50g Haselnüsse, 2 EL Mohn, 1 EL Honig

Zubereitung:

1. Die Birnen waschen und entkernen. 4 Scheiben von den Birnen abschneiden und zur Seite legen für die Dekoration, den Rest mit dem Skyr und den Haferflocken im Mixer für 4 Minuten cremig mixen.

2. Die Masse auf zwei Schalen verteilen.

3. Die Haselnüsse anrösten in einer heißen Pfanne, abkühlen lassen und grob hacken. Alles in die Schalen geben und anrichten.

Nährwertangaben:

1569.4 kcal, Kohlenhydrate 190.7g, Eiweiß 86.9g, Fett 46.4g

Skyr Kaki Bowl

Zubereitungszeit: 15 Minuten

Schwierigkeitsgrad: leicht

Zutatenliste für 2 Portionen:

1 Kaki, 150g Skyr, 50ml Milch, 2 EL Granatapfelkerne, 4 EL Haferflocken, 2 TL Chiasamen

Zubereitung:

1. Die Kaki waschen und schälen, in kleinere Stücke zerteilen. Ein paar Stücke zum Dekorieren aufheben, den Rest mit dem Skyr und der Milch in einen Mixer geben und durchmixen.

2. Die Masse in zwei Schalen füllen und mit den restlichen Zutaten füllen.

Nährwertangaben:

313.2 kcal, Kohlenhydrate 34.7g, Eiweiß 23.6g, Fett 8.0g

Skyr Eiersalat

Zubereitungszeit: 15 Minuten

Schwierigkeitsgrad: leicht

Zutatenliste für 4 Portionen:

10 Eier hart gekocht, 2 kleine Tomaten, 2 EL Zitronensaft, 30g Schnittlauch TK, Salz, Pfeffer, Paprikapulver, 100g Skyr

Zubereitung:

1. Die Eier schälen und in kleine Stücke hacken.

2. Den Skyr in eine Schüssel geben und mit dem Zitronensaft, dem Schnittlauch, Salz, Pfeffer und Paprikapulver mischen.

3. Die Tomaten waschen und ebenfalls in kleine Stücke schneiden, mit den Eiern in die Skyr Mischung geben und unterheben.

Nährwertangaben:

768.1 kcal, Kohlenhydrate 12.8g, Eiweiß 57.2g, Fett 51.7g

Skyr Frühstücks Calzone

Zubereitungszeit: 30 Minuten

Schwierigkeitsgrad: leicht

Zutatenliste für 2 Portionen:

1 Packung Pizzateig, 1 Ei, 2 EL Grieß, 40g Butter, 60g Puderzucker, 200g Früchte TK, 250g Skyr Honig

Zubereitung:

1. Den Skyr mit dem Ei, Grieß, Butter und Puderzucker glatt verrühren.

2. Den Pizzateig ausrollen, auf ein Backblech ein Backpapier legen und es dann mit der Masse bestreichen. Die Ränder 1 cm frei lassen. Die gefrorenen Früchte daraufgeben und den Teig zuklappen. Mit einer Gabel die Ränder fest zudrücken und bei 170°C Umluft für 20 Minuten backen.

Nährwertangaben:

2174.9kcal, Kohlenhydrate 351g, Eiweiß 74.9g, Fett 45.9g

Skyr Päckchen

Zubereitungszeit: 45 Minuten

Schwierigkeitsgrad: leicht

Zutatenliste für 4 Portionen:

300g Mehl, 1/2 TL Backpulver, 1 Prise Salz, 500ml Milch, 4 Eier, 1 Bio-Zitrone, 300g Skyr, 4 EL Puderzucker, 150g Himbeeren, 200g Erdbeeren, 80g Heidelbeeren, 8 TL Butterschmalz

Zubereitung:

1. Das Mehl und das Backpulver mit dem Salz und der Milch zu einem Teig vermischen, die Eier hinzufügen und durchrühren.

2. Die Zitrone unter heißem Wasser reinigen und die Schale abraspeln, danach den Saft in einer Schale auffangen. Skyr mit der Zitronenschale sowie dem Saft in eine Schüssel geben und umrühren.

3. Die Himbeeren und Heidelbeeren waschen und abtropfen lassen, die Erdbeeren waschen und vom Strunk trennen, in kleinere Stücke schneiden.

4. Den Pfannkuchenteig nach und nach ausbacken (8 Pfannkuchen). Die Pfannkuchen in eine Schüssel legen und mit 1 EL Quark sowie 1 EL von den Beeren füllen, oben verschließen und mit Küchengarn verbinden. Mit Puderzucker bestreuen und servieren.

Nährwertangaben:

2387.1 kcal, Kohlenhydrate 334.1g, Eiweiß 99.2g, Fett 65.6g

Skyr Lachscreme für Brötchen

Zubereitungszeit: 15 Minuten

Schwierigkeitsgrad: leicht

Zutatenliste für 4 Portionen:

250g Räucherlachsfilet, 150g Skyr, 2 Frühlingszwiebeln, Pfeffer, Salz, 1 TL Dill, 1 TL Knoblauchpulver, 1/2 Gurke

Zubereitung:

1. Die Gurke schälen und halbieren, die Körner mit einem Teelöffel herauslösen und nur den festen Teil der Gurke in feine Stücke schneiden. In eine Schüssel geben.

2. Die Frühlingszwiebeln waschen und in feine Ringe schneiden, zu den Gurken geben. Pfeffer, Salz, Knoblauchpulver und Dill ebenfalls dazugeben.

3. Den Skyr darübergeben und alles verrühren. Den Lachs vorsichtig zerteilen und ebenfalls in die Schüssel geben. Mit dem Stabmixer für 30 Sekunden zerkleinern. Es sollten noch Stücke vorhanden sein.

Nährwertangaben:

559.2 kcal, Kohlenhydrate 14.8g, Eiweiß 68.8g, Fett 23.3g

Skyr Ofenbrot

Zubereitungszeit: 40 Minuten

Schwierigkeitsgrad: leicht

Zutatenliste für 10 Portionen:

700g Roggenmehl, 100 Dinkelmehl, 100g brauner Zucker, 2 TL Salz, 300ml warme Milch, 1 Würfel Hefe, 200g Skyr Natur, Silikonbackform

Zubereitung:

1. Die Hefe in der warmen Milch auflösen und die restlichen Zutaten hinzufügen.

2. Den Teig durchkneten. Der Teig sollte nicht zu flüssig sein. Den Teig in die Form geben und mit Alufolie umwickeln - es darf keine Feuchtigkeit nach außen dringen.

3. Das Brot am besten nachts backen, denn es soll bei 100°C für 12 Stunden im Ofen garen. Danach herausnehmen und abkühlen lassen. Das Isländische Brot ist sehr dunkel und feucht.

Nährwertangaben:

3142.0 kcal, Kohlenhydrate 623.6g, Eiweiß 106.9g, Fett 15.8g

Skyr Sonnenblumen Brot

Zubereitungszeit: 45 Minuten

Schwierigkeitsgrad: leicht

Zutatenliste für 10 Portionen:

7g Trockenhefe, 15g Gerstenmalz, 500ml Wasser, 350g Dinkelmehl, 200g Dinkelvollkornmehl, 100g Sonnenblumenkerne, 100g Skyr, 15g Salz

Zubereitung:

1. Die Hefe im lauwarmen Wasser auflösen. Das Gerstenmalz einrühren und 10 Minuten gehen lassen.

2. Die anderen trockenen Zutaten zusammenfügen und durchrühren. Das Hefewasser dazugeben und alles durchkneten.

3. Eine Kastenform mit Backpapier auslegen und den Teig in die Form geben, der Teig sollte sehr weich sein. Für 45 Minuten gehen lassen und dann bei 180°C Ober- und Unterhitze für 50 Minuten backen.

Nährwertangaben:

2549.0 kcal, Kohlenhydrate 386.8g, Eiweiß 94.0g, Fett 62.1g

Skyr Schokoaufstrich

Zubereitungszeit: 10 Minuten

Schwierigkeitsgrad: leicht

Zutatenliste für 4 Portionen:

150g Skyr, 1 EL Milch, 5 EL Rohkakao, 2 EL Birkenzucker (oder Honig)

Zubereitung:

1. Den Skyr in eine Schüssel geben und mit der Milch verrühren. Den Kakao hinzufügen und ebenso den Zucker und alles cremig rühren.

Nährwertangaben:

226.4 kcal, Kohlenhydrate 37.5g, Eiweiß 16.6g, Fett 0.5g

Skyr Brötchen

Zubereitungszeit: 30 Minuten

Schwierigkeitsgrad: leicht

Zutatenliste für 18 Portionen:

700g Skyr, 600g Dinkelmehl, 4 Eier, 3 EL Mandelmilch, 2 TL Salz, 1 Päckchen Backpulver, Kerne zum Bestreuen (Mohn, Sesam, Sonnenblumenkerne)

Zubereitung:

1. Die Zutaten zusammen in eine Schüssel geben und verrühren.

2. Den Backofen auf 200°C Ober- und Unterhitze vorheizen, ein Backblech mit Backpapier auslegen.

3. Den Teig mit 2 Esslöffeln auf dem Backblech plazieren, die Teighaufen gehen beim Backen auf. Für 20-25 Minuten in den Ofen schieben.

Nährwertangaben:

2747.9 kcal, Kohlenhydrate 447.0g, Eiweiß155.7g, Fett 29.8g

Skyr Windbeutel herzhaft

Zubereitungszeit: 30 Minuten

Schwierigkeitsgrad: leicht

Zutatenliste für 4 Portionen:

30g Butter, 80g Mehl, 1 TL Speisestärke, 2 Eier, 1 Bio-Zitrone, 125g Skyr, 75g Sahne, Schnittlauch TK, 2 Salatblätter (Den Rest zu einem Salat verarbeiten)

Zubereitung:

1. Backofen vorheizen auf 220°C Ober- und Unterhitze. Das Wasser mit der Butter und dem Salz zusammen zum Kochen bringen. Mehl und Speisestärke durchsieben und hineingeben. Rühren, bis sich ein Kloß bildet. Vom Herd nehmen und abkühlen lassen, danach zwei Eier unterheben.

2. Das Backblech mit Backpapier belegen und mit einem Spritzbeutel die Windbeutel zu 8 Haufen auf das Blech spritzen. Etwa 25 Minuten braun backen und bei geöffneter Ofentür abkühlen lassen.

3. Die Zitrone heiß abwaschen und die Schale abreiben, den Saft und die Schale mit dem Skyr in eine Schüssel geben. Sahne steif schlagen und unterheben. Die Salatblätter klein schneiden und mit dem Schnittlauch unter die Masse heben. Mit Salz und Pfeffer würzen.

4. Die Windbeutel halbieren und einen Klecks der Masse daraufgeben. Den Deckel locker oben darauflegen.

Nährwertangaben:

932.1 kcal, Kohlenhydrate 67.0g, Eiweiß 26.0g, Fett 59.2g

Süße Skyr Knödel mit Erdbeeren und Mohn

Zubereitungszeit: 30 Minuten

Schwierigkeitsgrad: leicht

Zutatenliste für 4 Portionen:

90g zarte Haferflocken, 1 Päckchen Puddingpulver Vanille, 1 Prise Salz, 250g Skyr, 1 Ei, 50g Xucker, 14 Erdbeeren (ca 200g), etwas Mehl, 10g Kokosöl, 25g Mohn, 2 EL Xucker

Zubereitung:

1. Die Haferflocken in den Mixer geben und zu Mehl verarbeiten. Das Haferflockenmehl mit dem Puddingpulver und der Prise Salz vermischen.

2. Den Skyr mit dem Ei und dem Xucker sowie dem Vanillearoma verrühren. Die Haferflockenmischung unterheben. Den Teig für 30 Minuten kühlstellen.

3. Die Erdbeeren waschen und abtrocknen, die Stielansätze lösen. Salzwasser in einem Topf erhitzen.

4. Den Teig in 14 Stücke zerteilen. Am besten die Hände vorher bemehlen. Die Stücke in Kugeln formen und etwas platt drücken, eine Erdbeere hinein geben und den Teig darum verschließen.

5. In das kochende Salzwasser geben und 10 Minuten auf mittlerer Hitze köcheln. In ein Sieb abschütten. Das Kokosöl in einer Pfanne erhitzen, Mohn, 2 EL Xucker einmischen.

6. Die Knödel kurz mit in die Pfanne geben und schwenken.

Nährwertangaben:

856.5 kcal, Kohlenhydrate 133.3g, Eiweiß 45.9g, Fett 13.1g

Skyr Fladen

Zubereitungszeit: 20 Minuten

Schwierigkeitsgrad: leicht

Zutatenliste für 4 Portionen:

4 Eier, 4 EL Skyr, 1 TL Backpulver, Salz, Pfeffer, Kräuter nach Wahl, 4 EL Dinkelmehl, Sesamkörner

Zubereitung:

1. Das Eiweiß vom Eigelb trennen und steif schlagen. Zur Seite stellen.

2. Das Eigelb, den Skyr, Backpulver, Salz, Pfeffer, Kräuter und das Mehl in einen Mixer geben. Alles für 4 Minuten mixen. Zu dem Eiweiß geben und vorsichtig unterheben.

3. Die Masse auf einem mit Backpapier ausgelegten Backblech zu Fladen verteilen, mit Sesam bestreuen und für 15 Minuten bei 160°C Umluft backen.

4. Die Fladen nach Lust und Laune belegen.

Nährwertangaben:

463.8 kcal, Kohlenhydrate 33.6g, Eiweiß 27.2g, Fett 23.1g

Skyr Feta Creme

Zubereitungszeit: 15 Minuten

Schwierigkeitsgrad: leicht

Zutatenliste für 2 Portionen:

200g Feta, 200g Skyr, 1 Knoblauchzehe, 1 Packung Kräuter TK, 60g Rucola

Zubereitung:

1. Die Knoblauchzehe schälen und in den Mixer geben.

2. Den Skyr hinzufügen. Den Feta leicht zerbrechen und ebenfalls in den Mixer geben.

3. Die Kräuter hinzufügen. Den Rucola waschen und trocken schütteln. Grob zerkleinern und ebenfalls in den Mixer geben.

4. Alles cremig mixen.

Nährwertangaben:

656.2 kcal, Kohlenhydrate 15.4g, Eiweiß 57.4g, Fett 38.4g

Skyr Frühstückspaprika

Zubereitungszeit: 15 Minuten

Schwierigkeitsgrad: leicht

Zutatenliste für 4 Portionen:

2 gelbe Paprika, 50g Skyr, 4 Eier, 1 TL Gemüsebrühe, 1 Tomate, 1 Gurke, 2-3 Pilze, 50g geriebener Käse

Zubereitung:

1. Die Gurke schälen, die Kerne mit einem Löffel herauslösen. Die Gurke fein schneiden in kleine Stücke. Die Tomate waschen, den Strunk entfernen und in feine Stücke schneiden. Die Pilze mit einem feuchten Tuch reinigen und in Stücke schneiden.

2. Die Paprika halbieren und von Kernen und Strunk befreien. Gut abwaschen und abtropfen lassen. Auf ein Backblech legen. Den Backofen auf 180°C vorheizen.

3. Den Skyr mit den Eiern und der Gemüsebrühe sowie dem Käse vermischen. Das Gemüse in die Paprika aufteilen und die Eiermasse darübergeben. Für 10-15 Minuten in den Ofen.

Nährwertangaben:

567.6 kcal, Kohlenhydrate 26.9g, Eiweiß 43.4g, Fett 30.1g

Skyr Mittagessen

Skyr Bowl

Zubereitungszeit: 30 Minuten

Schwierigkeitsgrad: leicht

Zutatenliste für 2 Portionen:

3 EL Skyr, 150g Quinoa, 100g Brokkoli, 1 Süßkartoffel, 2 EL Olivenöl, 10g Schnittlauch TK, 1 Zitrone, 1 Avocado, 100g Kirschtomaten, 100g Gurke, 200g Karotten, Salz, Pfeffer

Zubereitung:

1. Den Backofen auf 200°C vorheizen. Die Süßkartoffel schälen und in Spalten schneiden. Den Rosmarin grob hacken. Die Kartoffelspalten auf ein Backblech mit Backpapier legen. Mit Salz und Pfeffer würzen. Für 25 Minuten backen.

2. Die Tomaten waschen und halbieren, Die Avocado aushöhlen und das Fruchtfleisch in Streifen schneiden. Den Brokkoli waschen und in kleinere Stücke zerteilen. Gurken und Karotten waschen und in Spalten schneiden.

3. Die Quinoa nach Anweisung kochen. Den Brokkoli mit hineingeben und garen. Abgießen und abkühlen lassen.

4. Skyr und Schnittlauch sowie Salz und Pfeffer in die Schüssel geben. Den Zitronensaft hinzufügen.

5. In einer Schüssel anrichten.

Nährwertangaben:

1158.7 kcal, Kohlenhydrate 147.0g, Eiweiß 36.5g, Fett 43.7g

Skyr Nudeln mit Tomatensoße

Zubereitungszeit: 20 Minuten

Schwierigkeitsgrad: leicht

Zutatenliste für 6 Portionen:

750g Skyr, 6 Eier, 12 EL Guarkernmehl, 500g Tomaten, 1 Bund Basilikum, 50g Parmesan, Salz, Pfeffer, 1 Prise Zucker

Zubereitung:

1. Die Eier und den Skyr in eine Schüssel geben und verrühren. Das Guarkernmehl beim Rühren nach und nach hinzugeben. 10 Minuten quellen lassen.

2. Die Tomaten waschen und den Strunk entfernen. Basilikum waschen und die Blätter abzupfen, fein hacken. Die Tomaten in einen Topf geben und mit etwas Wasser kochen. Wenn sie weich sind, leicht zerdrücken. Das Basilikum hinzufügen, ebenso den Parmesan und alles verrühren. Mit Salz, Pfeffer und einer Prise Zucker würzen.

3. Den Teig ausrollen und in schmale Bandnudeln schneiden. Die Nudeln für 10 Minuten im kochendem Wasser garen.

Nährwertangaben:

794.5 kcal, Kohlenhydrate 49.1g, Eiweiß 108.6g, Fett 15.9g

Skyr Brokkoli Taschen

Zubereitungszeit: 45 Minuten **Schwierigkeitsgrad:** leicht

Zutatenliste für 6 Portionen:

300g Brokkoli, 1 Knoblauchzehe, 1 Bund Petersilie, 40g Tomaten, 60g Gouda, 150g Frischkäse, Pfeffer, Salz, 200g Skyr, 4 EL Öl, 6 EL Milch, 275g Mehl, 1 TL Backpulver, 1 Eiweiß, 1 EL Sesam

Zubereitung:

1. Brokkoli waschen und abtropfen lassen, in kleine Stücke teilen. Brokkoli im heißen Wasser 3 Minuten kochen, abschütten und abkühlen lassen.

2. Den Knoblauch schälen und fein hacken, Petersilie waschen und trocken schütteln, dann ebenfalls klein hacken. Die Tomate waschen und in kleine Stücke hacken. Den Gouda von der Käserinde befreien und reiben. Brokkoli abgekühlt klein hacken. Die Zutaten mit dem Frischkäse und Pfeffer und Salz verrühren.

3. Für den Teig den Skyr, ÖL, Milch und Salz verrühren. Mehl unterheben und mit dem Backpulver durchkneten. 10 Minuten quellen lassen.

4. Den Teig auf 60 x 40 cm ausrollen und 6 Quadrate daraus schneiden. Die Füllung in die Mitte geben und die Ränder mit dem Eiweiß bepinseln. Die Taschen zusammenklappen und an den Seiten fest drücken. Mit Eiweiß auf der Oberseite bepinseln und Sesam darüberstreuen.

5. Auf ein Backblech mit Backpapier legen und 20-25 Minuten bei 180°C Umluft backen.

Nährwertangaben: 1461.7 kcal, Kohlenhydrate 223.1g, Eiweiß 95.2g, Fett 16.9g

Skyr Ziegenkäse Wildkräutersalat

Zubereitungszeit: 30 Minuten

Schwierigkeitsgrad: leicht

Zutatenliste für 2 Portionen:

150g Skyr Kirsche, 1 EL Rotweinessig, 1 EL Olivenöl, Salz, Pfeffer, 150g Wildkräuter oder Rucola, 1 Rolle Ziegenkäse, Honig, Sesam, 2 Frühlingszwiebeln, 100g Kirschen, rote Rettichkresse

Zubereitung:

1. 4 EL Skyr und den Rotweinessig sowie das ÖL und den Pfeffer und das Salz zu einem Dressing vermischen.

2. Den Salat waschen und zusammen mit dem Dressing in eine Schüssel geben. Den Ziegenkäse in Scheiben schneiden und beide Seiten mit Honig beträufeln und dann im Sesam wenden. Den Ziegenkäse in einer Pfanne kurz anrösten.

3. Die Frühlingszwiebeln waschen, abtropfen lassen, in Ringe schneiden. Die Kresse waschen und abrupfen. Den Ziegenkäse mit den Zwiebelringen und der Kresse auf dem Salat verteilen. Den restlichen Skyr darüberverteilen.

Nährwertangaben:

639.6 kcal, Kohlenhydrate 33.3g, Eiweiß 39.1g, Fett 36.9g

Skyr Tzatziki

Zubereitungszeit: 15 Minuten

Schwierigkeitsgrad: leicht

Zutatenliste für 4 Portionen:

1kg Skyr, 2 Knoblauchzehen, 1 TL Öl, 1 EL heller Balsamico, 1 TL Kräutersalz, Pfeffer, 1 Salatgurke

Zubereitung:

1. Die Gurke schälen, die Kerne mit einem Löffel herauslösen, fein raspeln und in eine Schüssel geben, mit dem Salz vermischen.

2. Den Knoblauch schälen und durch eine Presse drücken, mit den restlichen Zutaten in die Schüssel geben und umrühren. Dann 2 Stunden ziehen lassen.

Nährwertangaben:

677.4 kcal, Kohlenhydrate 47.3g, Eiweiß 112.7g, Fett 2.3g

Skyr Flammkuchen

Zubereitungszeit: 40 Minuten

Schwierigkeitsgrad: leicht

Zutatenliste für 8 Portionen:

450g Skyr, 7 EL Öl, 6 EL Milch, 1 Ei, 300g Dinkelmehl, 1 Päckchen Backpulver, 1 TL Salz, 1 TL Birkenzucker, 1 Päckchen Zwiebelsauce, 200g Karotten, 200g Äpfel, Salz, Pfeffer, 14 dünne Scheiben Schwarzwälder Schinken,

Zubereitung:

1. 150g Skyr abwiegen. Den Skyr mit Öl, Milch und Ei verrühren. Das Dinkelmehl, Backpulver, Salz und Zucker untermischen und zu einen Teig verkneten. 30 Minuten ziehen lassen. Den Backofen auf 180°C vorheizen.

2. Die Karotten waschen und schälen, in dünne Scheiben schneiden. Die Äpfel schälen und entkernen, in dünne Scheiben schneiden. Mit Salz und Pfeffer mischen. Den Schinken in feine Streifen schneiden.

3. Den restlichen Skyr mit der Zwiebelsauce mischen und die Äpfel und Karotten und Schinkenstreifen unterheben.

4. Den Teig ausrollen und Fladen machen (8 Stück), diese mit der Skyr Mischung bestreichen. Für 25 Minuten in den Backofen geben.

Nährwertangaben:

1641.7 kcal, Kohlenhydrate 267.9g, Eiweiß 110.1g, Fett 9.9g

Skyr Möhren Salat

Zubereitungszeit: 30 Minuten

Schwierigkeitsgrad: leicht

Zutatenliste für 4 Portionen:

600g Karotten, 400ml Wasser, 4 EL Gemüsebrühe, 150g Skyr, 4 EL Essig, 2 EL Öl, 4 EL TK Kräuter, 1 Prise Zucker, 1 Prise Salz, 1 Prise Pfeffer

Zubereitung:

1. Die Karotten waschen und vom Grün befreien. Die Karotten über einer Schüssel raspeln. Das Wasser in einem Topf erhitzen und die Gemüsebrühe darin auflösen. Die Karotten hinzugeben und 5 Minuten garen.

2. Die abgekühlten Karotten zurück in die Schüssel geben und mit den restlichen Zutaten vermischen und durchrühren.

Nährwertangaben:

303.2 kcal, Kohlenhydrate 48.0g, Eiweiß 22.5g, Fett 1.5g

Gurkenspirelli mit Skyr Creme

Zubereitungszeit: 20 Minuten

Schwierigkeitsgrad: leicht

Zutatenliste für 4 Portionen:

2 Salatgurken, 4 EL Schnittlauch TK, 4 EL Dill TK, 4 EL Zitronensaft, 4 EL Essig, 4 EL Skyr, Salz, Pfeffer,

Zubereitung:

1. Die Zutaten -bis auf die Gurken- in einer Schüssel vermischen.

2. Die Gurken waschen und mit dem Spiralschneider in lange Streifen schneiden.

3. Gurken zu der Skyr Creme hinzufügen und unterheben.

Nährwertangaben:

131.0 kcal, Kohlenhydrate 13.0g, Eiweiß 16.4g, Fett 1.1g

Gurken Minze Suppe mit Skyr

Zubereitungszeit: 20 Minuten

Schwierigkeitsgrad: leicht

Zutatenliste für 4 Portionen:

1 Salatgurke, 3 Stiele Minze, 1 kleine Knoblauchzehe, 2 Lauchzwiebeln, 1 Bio-Zitrone, 500g Skyr Natur, Salz, Pfeffer, 1 Messerspitze Kümmel

Zubereitung:

1. Die Gurke schälen und in kleineren Stücken in den Mixer geben. Die Minzblätter von 2 Stielen abwaschen, trocknen und ebenfalls in den Mixer geben.

2. Die Knoblauchzehe schälen und in den Mixer geben, die Lauchzwiebel waschen, zerkleinern und in den Mixer geben. Die Zitrone auspressen und den Saft in den Mixer geben.

3. Alle restlichen Zutaten hinzufügen und für 5 Minuten mixen.

Nährwertangaben:

400.4 kcal, Kohlenhydrate 33.7g, Eiweiß 59.5g, Fett 2.0g

Skyr Naan

Zubereitungszeit: 20 Minuten

Schwierigkeitsgrad: leicht

Zutatenliste für 4-6 Portionen:

1 Päckchen Trockenhefe, 1 TL Zucker, 200 ml lauwarme Milch, 500g Mehl, 200g Skyr, 1 TL Salz, 1 Päckchen Backpulver, Butter zum Ausbacken

Zubereitung:

1. Die Milch lauwarm erwärmen, Zucker und Hefe hinzugeben und auflösen. Die restlichen Zutaten hinzugeben und durchkneten.

2. Den Teig in Stücke teilen und kleine Bälle formen. Diese mit einem Nudelholz so dünn wie möglich ausrollen.

3. Eine Pfanne erhitzen und die Brote einzeln hineingeben. Wenn sich auf der Oberseite Blasen bilden, dann umdrehen und nochmals 1 Minute von der anderen Seite backen.

Nährwertangaben:

1989.3 kcal, Kohlenhydrate 372.4g, Eiweiß 81.7g, Fett 13.7g

Skyr Tomaten Muffins

Zubereitungszeit: 30 Minuten

Schwierigkeitsgrad: leicht

Zutatenliste für 4 Portionen:

250g Skyr, 80ml Öl, 2 Eier, 300g Mehl, 1 Päckchen Backpulver, 4 Zweige Rosmarin, 10 Stiele Thymian, 100g Parmesan, 250g Kirschtomaten, 1 Packung Schinkenwürfel

Zubereitung:

1. Backofen auf 180°C Umluft vorheizen und ein Muffinblech einfetten. Skyr, Öl, Milch und Eier vermischen. Das Mehl mit dem Backpulver hinzufügen.

2. Die Kräuter waschen, trocken schütteln und fein hacken. In die Mischung geben. 80g Parmesan reiben und zum Teig geben. Nochmals durchmischen.

3. 6 Kirschtomaten waschen und vierteln, zur Seite stellen. Die restlichen Kirschtomaten ebenfalls waschen und in kleine Stücke schneiden und zum Teig geben.

4. Den Teig in die Formen geben und mit den geviertelten Tomaten verzieren. Schinkenwürfel darübergeben. Den restlichen Parmesan darüberreiben. Ca 25 Minuten backen.

Nährwertangaben:

1917.6 kcal, Kohlenhydrate 237.7g, Eiweiß 133.9g, Fett 42.4g

Skyr Käse Pfannkuchen

Zubereitungszeit: 30 Minuten

Schwierigkeitsgrad: leicht

Zutatenliste für 7 Portionen:

300g Zucchini, 150 g Käse gerieben, 200g Skyr Natur, 2 Eier, 1 TL Salz, Schnittlauch TK, 1 TL Backpulver, 140g Dinkelmehl, Milch bei Bedarf

Zubereitung:

1. Die Zucchini waschen, die Enden abschneiden und mit Schale raspeln. Ausdrücken und in eine Schüssel geben.

2. Die restlichen Zutaten verrühren und die Zucchini unterheben. Den Teig 10 Minuten ziehen lassen.

3. Die Masse zu Pfannkuchen ausbacken. Schmeckt mit dem Skyr Tzatziki sehr gut.

Nährwertangaben:

1214.0 kcal, Kohlenhydrate 123.7g, Eiweiß 87.9g, Fett 37.3g

Skyr Marillen Knödel

Zubereitungszeit: 45 Minuten **Schwierigkeitsgrad:** leicht

Zutatenliste für 4 Portionen:

1 Bio-Zitrone, 100g Butter, 200ml Milch, 250g Skyr Honig, 1 Ei, 150g Hartweizengrieß, 500g Quitten, 250ml Apfelsaft Natur, 1 TL Vanillearoma, 100g Wildpreiselbeeren, 30g Semmelbrösel, 1 TL Zimt, 1-2 EL Puderzucker

Zubereitung:

1. Die Zitrone heiß abwaschen, die Schale abreiben und die Zitrone dann auspressen. Die Milch mit 50g der Butter und 40g Zucker kochen. Unter ständigem Rühren den Grieß hineingeben und nach dem Aufkochen vom Herd nehmen. Den Skyr mit der Zitronenschale sowie dem Saft und dem Ei verrühren. Den heißen Grieß unterheben und abkühlen lassen. Daraus 12 Knödel formen. In die Mitte jeden Knödels mit dem Löffel ein Loch drücken.

2. 1 TL der Preiselbeeren in das Loch jeden Knödels geben und wieder verschließen. Salzwasser zum Kochen bringen, die Knödel hineingeben, dann bei geringster Stufe die Knödel 10 Minuten garen lassen.

3. 50g Butter schmelzen und die Semmelbrösel darin rösten, Zimt und Puderzucker dazugeben. Die Quitten waschen und entkernen, in kleine Stücke schneiden. Die Quitten mit dem Apfelsaft aufkochen und 70g Zucker hinzufügen sowie das Vanillearoma. 30 Minuten köcheln.

4. Die Knödel mit der Soße anrichten und die Semmelbrösel darüberstreuen.

Nährwertangaben: 2033.5 kcal, Kohlenhydrate 217.3g, Eiweiß 64.0g, Fett 94.7g

Skyr Linsen Salat

Zubereitungszeit: 15 Minuten

Schwierigkeitsgrad: leicht

Zutatenliste für 4 Portionen:

170g rote Linsen Trocken, 6 EL Gemüsebrühe, 3 Tomaten, 1 Bund Frühlingszwiebeln, 1 Zitrone, 3 EL Olivenöl, Salz, Pfeffer, 30g Petersilie TK, 350g Skyr, 500ml heißes Wasser

Zubereitung:

1. Die Linsen kurz abbrausen und in einen Topf geben. Das Wasser mit der Gemüsebrühe dazugeben und aufkochen nach Anleitung. Die Linsen sollten noch etwas Biss haben.

2. Die Tomate waschen und würfeln, den Knoblauch schälen und durch eine Knoblauchpresse geben, die Zwiebel schälen und fein hacken.

3. Zitronensaft, Olivenöl, Salz, Pfeffer, Knoblauch und die Zwiebeln zu einem Dressing verrühren.

4. Die Linsen mit den Tomaten mischen, die Petersilie unterheben und das Dressing darübergeben genauso wie den Skyr.

Nährwertangaben:

907.6 kcal, Kohlenhydrate 125.4g, Eiweiß 86.7g, Fett 4.1g

Skyr Abendessen

Skyr Mandarinen Auflauf

Zubereitungszeit: 15 Minuten

Schwierigkeitsgrad: leicht

Zutatenliste für 4 Portionen:

1 Dose Mandarinen, 3 Eier, 1 Prise Salz, 50g Zucker, Saft einer Zitrone, 500 Skyr Honig, 75g Hartweizengrieß, 50g Puderzucker

Zubereitung:

1. Die Mandarinen abtropfen lassen.

2. Die Eier trennen und das Eiweiß mit der Prise Salz steif schlagen. Den Zucker dazugeben. Butter und Puderzucker mit dem Zitronensaft cremig rühren. Das Eigelb unterrühren und Skyr sowie Grieß dazugeben. Alles durchrühren und den Eischnee unterheben.

3. Die Mandarinen dazugeben und die Masse in eine gefettete Auflaufform füllen. Für 50 Minuten bei 160°C Umluft backen.

Nährwertangaben:

1263.3 kcal, Kohlenhydrate 189.0g, Eiweiß 79.5g, Fett 17.5g

Linsen Skyr Fladen

Zubereitungszeit: 30 Minuten

Schwierigkeitsgrad: leicht

Zutatenliste für 2 Portionen:

110g Linsen, 110g Skyr, 50g Mehl, 1 Zwiebel, 2 Eier, 1/2 TL Pfeffer, 1/2 TL Paprikapulver, 1/2 TL Kreuzkümmel, 1 TL Salz,

Für den Quark: 200g Skyr, 1 Päckchen Schnittlauch TK, Prise Salz, Prise Pfeffer, 1 Packung Kresse

Zubereitung:

1. Den Skyr mit dem Schnittlauch, Salz, Pfeffer und der Kresse verrühren.

2. Die Linsen nach Anweisung kochen und abkühlen lassen. Die Zwiebel schälen und klein schneiden. Die Eier in einen Mixer geben mit den Gewürzen und Linsen sowie der Zwiebel. Kurz mixen und in einer Pfanne ausbacken.

3. Den Quark zu den Fladen geben und servieren.

Nährwertangaben:

838.1 kcal, Kohlenhydrate 115.7g, Eiweiß 58.5g, Fett 13.3g

Skyr Hot Dog Pizza

Zubereitungszeit: 30 Minuten

Schwierigkeitsgrad: leicht

Zutatenliste für 4 Portionen:

100g Gurken eingelegt, in Scheiben, 200ml Ketchup, 150ml Remoulade, 50ml Senf, 80g Röstzwiebeln, 100g geriebener Käse, 1 EL Öl, 1 TL Mehl, 4 Würstchen

Für den Teig: 6 EL Milch, 1 Päckchen Backpulver, 1 TL Salz, 300g Mehl, 150g Skyr, 6 EL Öl

Zubereitung:

1. Die Zutaten für den Teig in eine Schüssel geben und durchkneten. Kurz ruhen lassen und auf einem Backblech ausrollen. Den Backofen auf 180°C Umluft vorheizen.

2. Die Würstchen abtropfen lassen und in Scheiben schneiden. Ketchup auf dem Teig verteilen und die Würstchen darüberstreuen.

3. Die Remoulade und den Senf mit den Gurken und der Röstzwiebeln vermischen und ebenfalls auf der Pizza verteilen. Den Käse darüberstreuen und für 40 Minuten in den Ofen schieben.

Nährwertangaben:

4556.0 kcal, Kohlenhydraten 299.1g, Eiweiß 305.3g, Fett 223.4g

Skyr Topfen mit Bärlauch

Zubereitungszeit: 45 Minuten

Schwierigkeitsgrad: leicht

Zutatenliste für 2 Portionen:

80g Bärlauch, 250g Skyr, 40g Parmesan gerieben, 2 Eier, 30g Butter, 70g Semmelbrösel, Salz, Pfeffer, Knoblauchpulver

Zubereitung:

1. Den Bärlauch waschen und im Salzwasser blanchieren. Mit kalten Wasser abschrecken und klein hacken. Die Masse etwas ausdrücken und in einem Topf mit der weichen Butter, Ei und Bröseln sowie den gewünschten Gewürzen verrühren. Die Masse in den Kühlschrank stellen und 1 Stunde ruhen lassen.

2. Aus der ausgekühlten Masse 12 Knödel formen und für 12 Minuten im Salzwasser köcheln lassen. Mit Parmesan und Butter servieren.

Nährwertangaben:

836.9 kcal, Kohlenhydrate 42.9g, Eiweiß 55.3g, Fett 46.7g

Skyr Hackbraten

Zubereitungszeit: 60 Minuten

Schwierigkeitsgrad: leicht

Zutatenliste für 4 Portionen:

2 Frühlingszwiebeln, 650g Hackfleisch, 250g Skyr, 400g Käse, 5 EL Tomatenmark, 1/4 TL Paprikapulver, 1 TL Kräutersalz, Pfeffer, 1 Päckchen Zwiebelsuppe, 4 Scheiben Speck, 500ml Roter Spätburgunder

Zubereitung:

1. Die Frühlingszwiebeln waschen und in Ringe schneiden. Hackfleisch, Skyr, Käse, 2 EL Tomatenmark, Kräutersalz und Pfeffer sowie die Zwiebelsuppe vermischen und durchkneten.

2. Den Hackbraten in eine Kastenform legen und den Speck darübergeben. 60 Minuten im nicht vorgeheizten Backofen bei 200°C Umluft backen.

3. Den Rotwein mit Tomatenmark verrühren und 20 Minuten vor Ende der Backzeit über den Braten geben. Die Soße kann gerne danach angedickt und nachgewürzt werden.

Nährwertangaben:

2760.3 kcal, Kohlenhydrate 55.2g, Eiweiß 251.8g, Fett 136.4g

Bulgur Minz Salat

Zubereitungszeit: 25 Minuten

Schwierigkeitsgrad: leicht

Zutatenliste für 4 Portionen:

250g Bulgur, 1 Zwiebel, 1 Knoblauchzehe, 2 EL Öl, Salz, Pfeffer, 15g Datteln, 100g Feta, 10 Blatt Minze gehackt, Saft 1 Limette, 200g Skyr, 1 TL Ras el Hanout

Zubereitung:

1. Den Bulgur nach Anleitung zubereiten.

2. Die Zwiebeln und den Knoblauch schälen und fein hacken. In eine Schüssel mit dem warmen Bulgur, dem Öl, dem Salz und Pfeffer sowie dem Ras el Hanout mischen.

3. Die Datteln in kleine Stücke hacken, den Feta mit den Fingern grob zerteilen. Mit der 1/2 Minze und dem Saft der Limette über dem Salat verteilen. Skyr mit der Minze mischen und etwas Salz und Pfeffer dazugeben.

4. Als Kleckse über dem Salat verteilen.

Nährwertangaben:

1829.6 kcal, Kohlenhydrate 283.9g, Eiweiß 83.7g, Fett 34.7g

Skyr Knöpfle mit Speck

Zubereitungszeit: 45 Minuten

Schwierigkeitsgrad: leicht

Zutatenliste für 4 Portionen:

300g Mehl, 100g Grieß, 1 TL Salz, 4 Eier, 200g Skyr, 100ml Wasser, Gemischte Kräuter TK, 50g Butter, 150g Räucherspeckwürfel

Zubereitung:

1. Das Mehl und den Grieß mit den Eiern und dem Salz zu einem Teig verrühren, bis er Blasen wirft. Den Skyr, die Kräuter und das Wasser dazugeben und alles 1 Stunde in den Kühlschrank stellen.

2. Die Knöpfle durch das Knöpflesieb in kochendes Salzwasser streichen. Anstelle eines Knöpflesiebes kann man auch ein gröberes Küchensieb verwenden oder den Teig auf einem Spätzlebrett schaben. Dann die Knöpfle abschöpfen und kalt abschrecken.

3. Die Butter in eine Pfanne geben und mit dem Räucherspeckwürfeln anbraten. Die Knöpfle unterheben und servieren. Wer möchte, kann noch Sauerkraut mit dazugeben und geriebenen Käse.

Nährwertangaben:

2639.2 kcal, Kohlenhydrate 293.8g, Eiweiß 106.5g, Fett 107.3g

Skyr Burger

Zubereitungszeit: 30 Minuten

Schwierigkeitsgrad: leicht

Zutatenliste für 6 Portionen:

Für den Teig: 1 Ei, 1 Prise Salz, 1 Päckchen Backpulver, 250g Mehl, 250g Skyr

Für das Fleisch: 300g Rinderhack, 30g Skyr, 40g Dinkelmehl, Salz, Pfeffer, Knoblauchpulver, Oregano, Majoran und eine Prise Curry

Belag: Salat, Zwiebeln, Tomaten, Gurken nach Belieben.

Zubereitung:

1. Die Zutaten für den Teig verkneten und 6 Brötchen daraus formen. Auf ein Backblech mit Backpapier geben und für 20 Minuten bei 200°C backen.

2. Die Zutaten für die Burger ebenfalls durchkneten und 6 Burger daraus erstellen. In einer Pfanne braten. Durch das Volkornmehl wirken sie etwas dunkler.

3. Soße nach Wahl und Belag nach Wahl auf dem Bürger verteilen, die Frikadell darauflegen und das Brötchen mit seinem Deckel schließen.

Nährwertangaben:

1773.3 kcal, Kohlenhydrate 223.0g, Eiweiß 115.0g, Fett 41.6g

Skyr Knödel auf Rhabarber

Zubereitungszeit: 30 Minuten

Schwierigkeitsgrad: leicht

Zutatenliste für 2 Portionen:

200g Skyr Erdbeere, 200g Rhabarber, 150g Skyr, 1 TL Zitronensaft, 200g Erdbeeren, 2 EL Butter, 2 Eigelb, 100g Grieß, Prise Salz, 1/2 TL Pistazienkerne gehackt.

Zubereitung:

1. Den Rhabarber waschen, schälen und klein schneiden. 6 EL Wasser und 1 TL Zitronensaft dazugeben, unterheben und ruhen lassen.

2. Die Erdbeeren waschen, in Stücke schneiden und dem Rhabarber hinzufügen. Alles aufkochen und, falls nicht cremig genug, mit dem Stabmixer kurz mixen und andicken.

3. Die Butter schmelzen. Den Skyr mit dem Eigelb, dem Grieß und der flüssigen Butter verkneten. Daraus 6 Knödel formen und in Salzwasser aufkochen lassen, danach für 10-12 Minuten ziehen lassen. Knödel herausnehmen und abtropfen.

4. Rhabarber-Kompott auf einem Teller anrichten und die Knödel darauf verteilen. Die Pistazienkerne darübergeben.

Nährwertangaben:

716.0 kcal, Kohlenhydrate 96.8g, Eiweiß 48.9g, Fett 12.8g

Skyr Barogi

Zubereitungszeit: 30 Minuten

Schwierigkeitsgrad: leicht

Zutatenliste für 4 Portionen:

300g Mehl, 1 TL Salz, 200ml Wasser, 5 Kartoffeln gekocht, 500g Skyr, 2 Eier, Butter, Pfeffer

Zubereitung:

1. Aus Mehl ,Salz und Wasser einen Nudelteig herstellen. Eine Rolle formen und 3 cm dicke Scheiben abschneiden und zu flachen Scheiben ausrollen.

2. Die Kartoffeln durch eine Presse geben und mit dem Skyr und den Eiern mischen, würzen und auf die Teigscheiben geben. Die Teigtaschen umklappen und die Enden mit einer Gabel festdrücken.

3. Salzwasser zum Kochen bringen und die Taschen für 15-20 Minuten garen. Dabei die Taschen nach anfänglichem Aufkochen bei geringer Hitze ziehen lassen. Die Barogi mit Butter in einer heißen Pfanne anbraten und servieren.

Nährwertangaben:

768.5 kcal, Kohlenhydrate 89.0g, Eiweiß 72.0g, Fett 11.7g

Skyr Blechbrot mit Speckmohn

Zubereitungszeit: 30 Minuten

Schwierigkeitsgrad: leicht

Zutatenliste für 4 Portionen:

250g Brotteig zum Anrühren, 250g Kartoffeln gekocht, 1 Zwiebel gehackt, 500g Skyr, etwas Milch, 1 Tasse Öl, Salz und Pfeffer, 2 Eier, 1 Stange Lauch in Ringe geschnitten, 200g Schinkenspeckwürfel, 1/2 TL Muskat, 80g Mohn.

Zubereitung:

1. Den Brotteig nach Anweisung anrühren und auf ein Backblech streichen.

2. Die Kartoffeln, die gehackte Zwiebel, die Lauchringe, die Milch das Öl, Salz und Pfeffer zu einem Brei zerstampfen. Das Ei hineingeben und nochmals umrühren. Auf dem Brotteig verstreichen.

3. Die Schinkenwürfel darüber verteilen ebenso wie die Mohnkörner darüber verteilen. Alles für 40 Minuten bei 200°C Umluft im Ofen backen.

Nährwertangaben:

1980 kcal, Kohlenhydrate 156g, Eiweiß 129.5g, Fett 87.1g

Kartoffeln mit Weintrauben-Skyr

Zubereitungszeit: 30 Minuten

Schwierigkeitsgrad: leicht

Zutatenliste für 2 Portionen:

750g Kartoffeln, 1 Ei, 2 EL Mehl, Salz, 100g grüne Weintrauben und 20g blaue Weintrauben, 1 Vanilleschote, 250g Skyr, 2 EL Honig, 30g Pfefferminz gehackt.

Zubereitung:

1. Die Kartoffeln waschen und grob reiben, mit Ei und Mehl sowie Salz verkneten. Ca 8 Kartoffelpuffer im Waffeleisen ausbacken.

2. Den Skyr kurz umrühren. Die Weintrauben waschen und halbieren, bei Bedarf die Kerne entfernen. Mit dem Honig und der Pfefferminze in den Skyr geben.

3. Die Vanilleschote in den Mitte halbieren und das Mark auskratzen. In den Skyr geben und alles durchrühren.

Nährwertangaben:

906.4 kcal, Kohlenhydrate 157.0g, Eiweiß 48.5g, Fett 6.9g

Skyr Matjes mit Kartoffeln

Zubereitungszeit: 30 Minuten

Schwierigkeitsgrad: leicht

Zutatenliste für 4 Portionen:

3 rote Zwiebeln, 1 Bund Lauchzwiebeln, 1 Bund Schnittlauch, 1 Apfel, 150g Schmand, 250g Skyr, Salz, Pfeffer, 8 Matjes, 500g Kartoffeln

Zubereitung:

1. Die Kartoffeln waschen und als Pellkartoffeln 20-25 Minuten kochen.

2. Die Zwiebeln schälen und in feine Ringe schneiden, Lauchzwiebel waschen und ebenfalls in dünne Ringe schneiden. Den Schnittlauch waschen und klein hacken. Den Apfel schälen, entkernen und in kleine Stücke schneiden.

3. Den Skyr mit dem Schmand verrühren und die Kräuter und Zwiebeln sowie den Schnittlauch und den Apfel hinzufügen. Mit Salz und Pfeffer abschmecken.

4. Die Matjes abwaschen und trocken tupfen. Mit den Kartoffeln und dem Dip auf einem Teller anrichten.

Nährwertangaben:

2580.9 kcal, Kohlenhydrate 160.6g, Eiweiß152.3g, Fett 139.6g

Skyr Gemüsebrot

Zubereitungszeit: 15 Minuten

Schwierigkeitsgrad: leicht

Zutatenliste für 2 Portionen:

200g Skyr, 3 EL Öl, 2 Eier, 1 TL Salz, 400g Dinkelmehl, 1/2 Päckchen Backpulver

Für die Füllung: 1 Zwiebel, 1 Knoblauchzehe, 3 Paprikaschoten, 140g Tomaten in Öl (getrocknet), Salz, Pfeffer

Zubereitung:

1. Den Backofen auf 180°C Ober- und Unterhitze vorheizen. Brotform einfetten.

2. Den Skyr mit dem Öl, Eiern und Salz vermischen und glatt rühren. Das Mehl mit dem Backpulver unterheben und mit den Händen verkneten.

3. Die Zwiebeln und den Knoblauch schälen und in kleine Stücke schneiden. Die Paprika waschen und entkernen, in kleine Stücke schneiden. Die in Öl eingelegten Tomaten abtropfen lassen und dann zerhacken und mit den anderen Zutaten für die Füllung mischen.

4. Den Teig ausrollen und die Füllung in die Mitte geben und zu einem Brot rollen. In die Form geben und für 50 Minuten backen.

Nährwertangaben:

1846.9 kcal, Kohlenhydrate 327.3g, Eiweiß 81.4g, Fett 18.4g

Skyr Hackfleischrolle

Zubereitungszeit: 30 Minuten

Schwierigkeitsgrad: leicht

Zutatenliste für 4 Portionen:

Für den Teig: 200g Skyr, 200g Butter, 250g Mehl, 1 Prise Salz

Die Füllung: 500g Hackfleisch, 200g Käse, 200g Spinat, 3 gehackte Tomaten, 1 Ei, 1 Packung Kräutermix TK, 1 TL Gemüsebrühe, 1 Prise Pfeffer, 1 Prise Salz, 1 Eigelb zum Bestreichen

Zubereitung:

1. Die Zutaten für den Teig verkneten und 1 Stunde im Kühlschrank ruhen lassen. Den Backofen auf 180°C vorheizen.

2. Das Hackfleisch mit dem Käse, den Tomaten, den Kräutern und der Gemüsebrühe sowie Salz und Pfeffer vermischen. 1 Ei untermischen und den Spinat waschen, abtropfen lassen und klein hacken. Dann ebenfalls untermischen.

3. Den Teig auf einem Backblech mit Backpapier ausrollen und mit der Füllung bestreichen. Alles zusammenrollen und mit dem Eigelb bestreichen. Für 50-60 Minuten in den Ofen schieben.

Nährwertangaben:

7481.1 kcal, Kohlenhydrate 243.6g, Eiweiß 534.6g, Fett 461.4g

Skyr Dip mit Tomaten

Zubereitungszeit: 15 Minuten

Schwierigkeitsgrad: leicht

Zutatenliste für 4 Portionen:

1 Becher Skyr Natur, 2 Knoblauchzehen, 13 getrocknete Tomaten, 1 Prise Salz, 1 Prise Pfeffer, 1 TL Thymian

Zubereitung:

1. Den Knoblauch schälen und durch eine Presse drücken.

2. Die getrockneten Tomaten aus dem Öl nehmen, abtropfen lassen und in kleine Stücke schneiden. Salz, Thymian, Knoblauch und Pfeffer dazugeben und verrühren. Den Skyr hinzufügen, nochmals umrühren und in Behälter füllen.

Nährwertangaben:

354.1 kcal, Kohlenhydrate 26.1g, Eiweiß 56.6g, Fett 1.6g

Skyr Dip mit Kartoffeln

Zubereitungszeit: 30 Minuten

Schwierigkeitsgrad: leicht

Zutatenliste für 4 Portionen:

500g Kartoffeln, 300g Skyr, 2 Päckchen Gemischte Kräuter TK, 2 TL Salz, 1/2 TL Pfeffer, 1/2 TL Gemüsebrühe, 1 Knoblauchzehe

Zubereitung:

1. Die Kartoffeln schälen, mit 1 TL Salz kochen und dann abkühlen lassen. Die Knoblauchzehe schälen und durch eine Presse drücken.

2. Den Skyr in eine Schüssel geben und mit den Kräutern und Gewürzen verrühren.

Nährwertangaben:

584.2 kcal, Kohlenhydrate 97.0g, Eiweiß 43.0g, Fett 1.1g

Mit Skyr gefüllte Avocado

Zubereitungszeit: 20 Minuten

Schwierigkeitsgrad: leicht

Zutatenliste für 2 Portionen:

1 Avocado, 150g Skyr Himbeere - Cranberry, 1 Prise Salz, 1 TL Balsamico, 6 Himbeeren, 1 EL gehackte Pistazienkerne, 1 TL gehackte Minze.

Zubereitung:

1. Die Avocado aufschneiden und den Kern heraus lösen, das Fruchtfleisch mit einem Teelöffel heraus holen und in ein hohes Gefäß geben. Die beide Hälften auf einen Teller legen.

2. Den Skyr mit dem Salz und dem Balsamico zur Avocado geben und pürieren. Die Masse in die Avocados zurückfüllen.

3. Die Himbeeren waschen und auf den Skyr in die Avocado legen. Die gehackte Minze und die Pistazienkerne darüber verstreuen.

Nährwertangaben:

598.4 kcal, Kohlenhydrate 32.5g, Eiweiß 37.1g, Fett 33.7g

Skyr Lende im Schlafrock

Zubereitungszeit: 45 Minuten

Schwierigkeitsgrad: leicht

Zutatenliste für 4 Portionen:

1 Schweinelende, 1 Dose Pilze, 200g Käse zum Überbacken, Salz, Pfeffer, Paprikapulver, Oregano, 1 Eigelb zum Bestreichen.

Für den Teig: 200g Skyr, 200g Butter, 250g Mehl, 1 Prise Salz

Zubereitung:

1. Die Zutaten für den Teig zusammenfügen und durchkneten. Danach für 1 Stunde in den Kühlschrank stellen.

2. Den Teig auf einem Backblech mit Backpapier ausrollen. Den Käse auf den Teig streuen, die Dose Pilze abtropfen lassen und ebenfalls darauf verteilen.

3. Die Lende mit den Gewürzen einreiben und in den Teig wickeln. Mit dem Eigelb bestreichen. Bei 180°C Umluft für 50-60 Minuten garen.

Nährwertangaben:

3498.0 kcal, Kohlenhydrate 193.2g, Eiweiß 152.0g, Fett 224g

Skyrrolle mit Hackfleisch

Zubereitungszeit: 20-30 Minuten

Schwierigkeitsgrad: leicht

Zutatenliste für 6 Portionen:

500g Hackfleisch, 1 Zwiebel, 1 Knoblauchzehe, 1 Tasse Couscous, 2 Tassen heißes Wasser, 1 TL Tomatenmark, 1 Ei, Salz, Pfeffer, 150g Skyr, 2 Scheiben Käse,

Zubereitung:

1. Die Zwiebel und die Knoblauchzehe schälen und fein hacken, mit dem Hackfleisch und dem Ei vermischen und mit Salz und Pfeffer würzen. Den Backofen auf 180°C vorheizen und ein Backblech mit Backpapier auslegen.

2. Den Couscous mit 2 Tassen heißem Wasser aufgießen, Tomatenmark einrühren und quellen lassen, bis das Wasser aufgesogen ist. In den Skyr rühren

3. Das Hackfleisch auf dem Backpapier zu einem Boden streichen und mit den Käsescheiben in der Mitte belegen. Den Couscous darauf verteilen. Den belegten Teig zu einer Rolle rollen und 45 Minuten in den Ofen geben.

Nährwertangaben:

1442.8 kcal, Kohlenhydrate 127.3g, Eiweiß 125.0g, Fett 43.9g

Skyr Schnitzel mit Ananas und Käse

Zubereitungszeit: 30 Minuten

Schwierigkeitsgrad: leicht

Zutatenliste für 3 Portionen:

3 Schnitzel Natur, etwas Paniermehl, 1 Ei, Pfeffer, Salz, Paprikapulver, 1 TL Öl, 1 Glas Spargel, 1 Dose Ananas in Stücken, 400g Skyr, 3 Scheiben Kochschinken, 3 Scheiben Gouda-Käse

Zubereitung:

1. Die Ananas abtropfen lassen, den Spargel ebenso abtropfen lassen und in Stücke schneiden.

2. Die Schnitzel flach klopfen und von beiden Seiten würzen. Das Ei auf einem Teller mit einer Gabel durchmischen. Das Paniermehl auf einen Teller geben. Das Schnitzel erst durch das Ei ziehen, dann von beiden Seiten im Paniermehl wenden. Im Öl von beiden Seiten braten.

3. Ananas und Spargel mit dem Skyr in einem Topf aufkochen lassen. Bei Bedarf andicken. Die Sauce in eine Auflaufform füllen.

4. Die Schnitzel auf die Sauce legen und mit Schinken und Käse bedecken. Im Ofen alles für 15 Minuten bei 180°C überbacken.

Nährwertangaben:

1875.2 kcal, Kohlenhydrate 84.3g, Eiweiß 207.0g, Fett 73.2g

Skyr Crepes

Zubereitungszeit: 15 Minuten

Schwierigkeitsgrad: leicht

Zutatenliste für 4 Portionen:

100g Mehl, 200ml Milch, 1/2 TL Salz, 3 Eier, 50g Butter, 175ml Skyr, 120g Saure Sahne, Salz, 1 TL Basilikum, 1 TL Thymian, 200g Schinken gekocht und gewürfelt, 4 gehackte Tomaten, 75g Käse

Zubereitung:

1. Das Mehl mit den Eiern, der Butter, Milch und Salz in eine Schüssel geben und einen Crepes-Teig herstellen. Dünne Crepes ausbacken und zur Seite stellen.

2. Den Skyr mit der Sauren Sahne zusammen in eine Schüssel geben. Die Gewürze und Kräuter sowie die Tomaten und den Schinken dazugeben. Alles unterheben und auf den Crepes verteilen. Käse auf den Crepes verteilen und für 10 Minuten bei 200°C Umluft in den Backofen.

Nährwertangaben:

2287.8 kcal, Kohlenhydrate 102.9g, Eiweiß 156.3g, Fett 131.7g

Ofengemüse mit Skyr

Zubereitungszeit: 20-30 Minuten

Schwierigkeitsgrad: leicht

Zutatenliste für 6 Portionen:

800g Italienisches Gemüse TK, 4 Tomaten, 2 Möhren, 2 EL Gemüsebrühe, Italienische Kräuter TK, 4 EL Öl, Salz, Pfeffer, 500g Skyr,

Zubereitung:

1. Backofen auf 180°C vorheizen und ein tiefes Backblech oder eine Auflaufform bereitstellen. Das TK Gemüse darin verteilen.

2. Die Tomaten waschen, in Viertel schneiden und zum Gemüse geben. Die Möhren waschen, in Streifen schneiden und zum Gemüse geben.

3. Das Öl mit der Gemüsebrühe und etwas Wasser verrühren und über das Gemüse geben. Alles durchrühren. Für 30 Minuten in den Ofen geben. Den Skyr mit den Italienischen Kräutern cremig rühren und mit Salz und Pfeffer abschmecken.

Nährwertangaben:

1237.2 kcal, Kohlenhydrate 92.9g, Eiweiß 79.4g, Fett 57.1g

Skyr Smoothies

Skyr Smoothie herzhaft

Zubereitungszeit: 5 Minuten

Schwierigkeitsgrad: leicht

Zutatenliste für 1 Portionen:

300g Skyr, 50g Rucola, 30g Kresse, 1 Packung Grüne Soße Kräuter TK, 1 TL Salz, 1 TL Pfeffer, 1 Zitrone, 4 Eiswürfel

Zubereitung:

1. Die Knoblauchzehe schälen und in den Mixer geben, ebenso den Zitronensaft.

2. Alle weiteren Zutaten hinzugeben und 5 Minuten mixen.

Nährwertangaben:

227.2 kcal, Kohlenhydrate 15.8g, Eiweiß 36.0g, Fett 1.6g

Erdbeer Skyr Smoothie

Zubereitungszeit: 15 Minuten

Schwierigkeitsgrad: leicht

Zutatenliste für 1 Portionen:

300g Skyr Erdbeere, 3 Stängel Minze, 4 Eiswürfel, 100g Erdbeeren

Zubereitung:

1. Die Minze waschen und trocknen, von den Stängeln lösen und in den Mixer geben. Ebenso die gewaschenen Erdbeeren.

2. Alle weiteren Zutaten hinzugeben und 4 Minuten mixen.

Nährwertangaben:

725.6 kcal, Kohlenhydrate 117.0g, Eiweiß 45.0g, Fett 6.6g

Heidelbeere Smoothie

Zubereitungszeit: 15 Minuten

Schwierigkeitsgrad: leicht

Zutatenliste für 1 Portionen:

1/2 Banane, 300g Skyr, 100g Heidelbeeren, 2 TL Kokosraspeln, 3 Eiswürfel

Zubereitung:

1. Die Heidelbeeren waschen und abtropfen lassen.

2. Die Banane schälen und halbieren. Die halbe Banane mit den restlichen Zutaten in einen Mixer geben und für 5 Minuten mixen.

Nährwertangaben:

386.3 kcal, Kohlenhydrate 41.9g, Eiweiß 35.1g, Fett 7.6g

Bananen Skyr

Zubereitungszeit: 5 Minuten

Schwierigkeitsgrad: leicht

Zutatenliste für 1 Portionen:

300g Skyr Geschmack nach Wahl, 2 Bananen, 1 TL Zimt, 1 TL Vanillearoma, 2 EL Haferflocken, 1 TL Honig bei Bedarf

Zubereitung:

1. Die Bananen schälen und in den Mixer geben.

2. Die restlichen Zutaten dazugeben und für 4 Minuten mixen.

Nährwertangaben:

412.1 kcal, Kohlenhydrate 60.5g, Eiweiß 36.1g, Fett 1.7g

Skyr Limetten Smoothie

Zubereitungszeit: 15 Minuten

Schwierigkeitsgrad: leicht

Zutatenliste für 1 Portionen:

300g Skyr Erdbeere, 1 Limette, 1 TL Vanillearoma, 1 daumengroßes Stück Ingwer, 2 TL Honig

Zubereitung:

1. Den Ingwer schälen und in kleinere Stücke schneiden, in den Mixer geben.

2. Den Limettensaft in den Mixer geben.

3. Die restlichen Zutaten hinzufügen und mixen.

Nährwertangaben:

273.9 kcal, Kohlenhydrate 28.7g, Eiweiß 33.4g, Fett 2.1g

Skyr Aprikosen Karotten Smoothie

Zubereitungszeit: 15 Minuten

Schwierigkeitsgrad: leicht

Zutatenliste für 2 Portionen:

100g Aprikosen, 1/2 Banane, 50g Karotten, 2 EL Haferflocken, 150g Skyr Aprikose Sanddornbeere, 150ml Wasser

Zubereitung:

1. Die Aprikosen waschen und entkernen.

2. Die Banane schälen und halbieren. Die Karotten waschen.

3. Alle Zutaten in einen Mixer geben und für 3 Minuten mixen.

Nährwertangaben:

259.0 kcal, Kohlenhydrate 40.9g, Eiweiß 19.6g, Fett 1.2g

Skyr Mandel Smoothie

Zubereitungszeit: 15 Minuten

Schwierigkeitsgrad: leicht

Zutatenliste für 2 Portionen:

100g Heidelbeeren, 3 Datteln, 1/2 Avocado, 2 EL Mandelblättchen, 1 EL Leinsamen, 150g Skyr Heidelbeere Holunder, 150ml Mandelmilch

Zubereitung:

1. Die Heidelbeeren waschen und abtropfen lassen. Die Datteln halbieren.

2. Die Avocado aufschneiden und den Kern heraus lösen. Die halbe Avocado aushöhlen und das Fruchtfleisch in den Mixer geben.

3. Die anderen Zutaten dazugeben und alles für 4 Minuten mixen.

Nährwertangaben:

488.5 kcal, Kohlenhydrate 43.2g, Eiweiß 23.0g, Fett 23.4g

Grüner Skyr

Zubereitungszeit: 5 Minuten

Schwierigkeitsgrad: leicht

Zutatenliste für 1 Portionen:

2 Salatgurken, 1 Limette, 150g Spinat, 3 Birnen, 1 TL Honig, 100g Skyr, 4 Eiswürfel

Zubereitung:

1. Die Gurke schälen, die Kerne mit Hilfe einer Löffels heraus lösen. Den Rest der Gurke in den Mixer geben.

2. Den Limettensaft in den Mixer geben.

3. Den Spinat waschen, abschütteln und in den Mixer geben

4. Mit den anderen Zutaten 4 Minuten mixen.

Nährwertangaben:

434.0 kcal, Kohlenhydrate 74.1g, Eiweiß 22.1g, Fett 4.3g

Apfel Orangen Smoothie mit Skyr

Zubereitungszeit: 5 Minuten

Schwierigkeitsgrad: leicht

Zutatenliste für 2 Portionen:

400ml Orangensaft, 400g Skyr, 1 Apfel, 1 EL Honig, 1 Limette

Zubereitung:

1. Den Apfel schälen, entkernen, in Viertel teilen und in den Mixer geben. Die Limette auspressen, den Saft in den Mixer geben.

2. Zusammen mit Skyr und Honig 5 Minuten mixen.

4. In Gläser füllen.

Nährwertangaben:

521.1 kcal, Kohlenhydrate 71.5g, Eiweiß 48.2g, Fett 3.2g

Skyr Nachtisch und Snacks

Skyr Frozen Berry

Zubereitungszeit: 15 Minuten

Schwierigkeitsgrad: leicht

Zutatenliste für 2 Portionen:

500g Beeren TK, 350g Skyr Himbeere Cranberry, 125g frische Himbeeren

Zubereitung:

1. Die Himbeeren waschen und abtropfen lassen.

2. Die gefrorenen Beeren mit dem Skyr in einen Mixer geben und mixen, bis die Masse cremig ist.

3. Die Masse bei Bedarf nochmals kurz einfrieren, wenn sie zu flüssig ist, danach die Himbeeren daraufgeben und servieren.

Nährwertangaben:

518.8 kcal, Kohlenhydrate 67.3g, Eiweiß 47.5g, Fett 5.2g

Skyr auf Kokos mit Avocado

Zubereitungszeit: 5 Minuten

Schwierigkeitsgrad: leicht

Zutatenliste für 4 Portionen:

1 Avocado, 240g Skyr, 480 ml Kokosmilch, 400g gemischte Beeren TK, 6 EL Kokosraspeln

Zubereitung:

1. Die Avocado aufschneiden, den Kern entfernen und das Fruchtfleisch mit 3/4 der Kokosmilch pürieren. Die restliche Kokosmilch mit dem Skyr cremig rühren.

2. Skyr mit den Kokosraspeln vermischen und eine Schicht der Skyr Mischung in eine Form geben. Mit der Avocado Mousse und den Beeren übereinander schichten.

Nährwertangaben:

1588.9 kcal, Kohlenhydrate 35.8g, Eiweiß 34.6g, Fett 139.8g

Skyr Frozen Mango

Zubereitungszeit: 15 Minuten

Schwierigkeitsgrad: leicht

Zutatenliste für 2 Portionen:

300g Mango, 300g Skyr Honig, 2 Nektarinen, 1 Pfirsich, eine Handvoll Walnüsse

Zubereitung:

1. Die Nüsse grob zerhacken.

2. Die Nektarinen und den Pfirsich waschen, entkernen, in feine Streifen schneiden.

3. Die Mango schälen und entkernen, das Fruchtfleisch in Stücke schneiden. Mit dem Skyr in einen Mixer geben, mixen, danach für 1 Stunde in den Gefrierschrank stellen. Dann mit den Nüssen und den Nektarinen sowie dem Pfirsich servieren.

Nährwertangaben:

574.9 kcal, Kohlenhydrate 74.5g, Eiweiß 39.4g, Fett 11.6g

Skyr Eisfrüchte

Zubereitungszeit: 10 Minuten

Schwierigkeitsgrad: leicht

Zutatenliste für 6 Portionen:

1 Packung Skyr, 1 Packung Beerenmischung TK

Zubereitung:

1. Die Früchte kurz antauen lassen, einen Zahnstocher in die Beeren stecken und sie damit in den Skyr tunken.

2. Die Früchte nun für mindestens 2 Stunden wieder einfrieren.

Nährwertangaben:

289.1 kcal, Kohlenhydrate 29.8g, Eiweiß 36.0g, Fett 2.1g

Skyr mit Himbeeren und Vanille

Zubereitungszeit: 30-45 Minuten

Schwierigkeitsgrad: leicht

Zutatenliste für 12 Portion:

790g Skyr Natur, 120g Xucker Light, 2 Vanilleschoten, 3 Eier, 250g Himbeeren

Zubereitung:

1. Den Boden einer Springform mit Backpapier auslegen. Den Backofen auf 160°C Umluft vorheizen.

2. Skyr, Eier und Xucker Light miteinander verrühren.

3. Die Vanilleschote auskratzen und dazugeben.

4. Die Masse in die Form geben und glatt streichen.

5. Die Himbeeren waschen, trocknen und auf dem Kuchenteig verteilen.

6. Bei 160°C 60 Minuten backen und anschließend komplett erkalten lassen.

Nährwertangaben:

985.4 kcal, Kohlenhydrate 99.6g, Eiweiß 99.0g, Fett 18.4g

Skyr Kekse

Zubereitungszeit: 30 Minuten

Schwierigkeitsgrad: leicht

Zutatenliste für 6-8 Portionen:

400g Skyr, 160g Butter, 400g Dinkelvollkornmehl, 1 Päckchen Backpulver, 100g Rohrzucker, Zimt

Zubereitung:

1. Den Backofen auf 160°C Umluft vorheizen. Backpapier auf ein Backblech legen.

2. Die Zutaten bis auf den Rohrzucker zusammen in eine Schüssel geben und verkneten. Den Teig 30 Minuten in den Kühlschrank.

3. Den Teig ausrollen und ausstechen. Auf dem Backblech auslegen und mit dem Zucker bestreut für 12-15 Minuten backen.

Nährwertangaben:

3157.4 kcal, Kohlenhydrate 371.0g, Eiweiß 93.8g, Fett 134.6g

Skyr Waffeln

Zubereitungszeit: 20 Minuten

Schwierigkeitsgrad: leicht

Zutatenliste für 4 Portionen:

4 Eier, 250g Skyr Vanille, 200g Roggenmehl, 2 Bananen, 2 EL Honig, 1 TL Backpulver

Zubereitung:

1. Die Banane schälen und in einen Mixer geben.

2. Die Eier, den Skyr, das Mehl und den Honig mit in den Mixer geben. Für 2 Sekunden mixen.

3. Das Backpulver hinzugeben und nochmals für 3 Minuten mixen. Kurz quellen lassen und in ein Waffeleisen geben.

Nährwertangaben:

1293.0 kcal, Kohlenhydrate 195.3g, Eiweiß 65.4g, Fett 24.1g

Skyr Käsekuchen

Zubereitungszeit: 30 Minuten

Schwierigkeitsgrad: leicht

Zutatenliste für 12 Portionen:

Tarte-Teig, 500g Skyr, 200g Schmand, 2 Eier, 1 Dose Pfirsiche oder frische, 3 EL Zucker, 1 Packung Vanillepuddingpulver, 1 Päckchen Vanillezucker

Zubereitung:

1. Den Backofen auf 160°C vorheizen und den Tarte-Teig in die Tortenform legen. Die Ränder andrücken.

2. Für die Füllung Schmand, Skyr, 2 Eier, Zucker, Puddingpulver sowie Vanillezucker verrühren. Die Füllung auf dem Boden verteilen.

3. Die Pfirsiche abtropfen lassen und auf dem Kuchen plazieren.

4. Nun alles für 50-55 Minuten backen. Achtung - der Kuchen bleibt etwas flüssig bis zum Abkühlen.

Nährwertangaben:

2917.8 kcal, Kohlenhydrate 322.1g, Eiweiß 85.6g, Fett 134.0g

Pfefferminz Skyr

Zubereitungszeit: 30 Minuten

Schwierigkeitsgrad: leicht

Zutatenliste für 4 Portionen:

450g Skyr Natur, 1/2 Bund Minze, etwas Honig, 2 EL Rohkakao, 2 EL gemahlene Mandeln, 2 EL Schokostreusel

Zubereitung:

1. Die Minze waschen und die Blätter abzupfen, fein hacken.

2. Skyr in eine Schüssel geben, die anderen Zutaten mit der Minze hinzufügen und verrühren.

3. Die Mischung über Nacht ziehen lassen, damit die Minze ihren Geschmack abgeben kann.

Nährwertangaben:

442.8 kcal, Kohlenhydrate 20.2g, Eiweiß 55.6g, Fett 14.2g

Skyr Tiramisu

Zubereitungszeit: 30-45 Minuten

Schwierigkeitsgrad: leicht

Zutatenliste für 6 Portionen:

500g Himbeeren TK, 1 Bio-Zitrone, 500g Skyr, 5 EL Zucker, 100g Sahne, 20 Löffelbiskuits, 200ml Orangensaft frisch, 6 EL Rohkakao,

Zubereitung:

1. Den Skyr mit dem Zucker in eine Schale füllen. Die Sahne steif schlagen und unterheben.

2. Die Beeren auftauen lassen. Die Zitrone heiß abwaschen, die Schale abreiben, dann die Zitrone auspressen und den Saft sowie den Abrieb unter die Beeren mischen.

3. Die Löffelbiskuits in den Orangensaft tunken und in einer Auflaufform nebeneinander auslegen, bis der Boden bedeckt ist. Die Skyrmasse zur Hälfte darübergeben und einen Teil der Himbeeren ebenfalls. Alle verbliebenen Löffelbiskuits darauf schichten. Die letzte Schicht sollte Skyr sein. Den Kakao darüberverteilen und kühl stellen.

Nährwertangaben:

1553.0 kcal, Kohlenhydrate 185.8g, Eiweiß 78.6g, Fett 50.4g

Pfirsich Eiscreme

Zubereitungszeit: 15 Minuten

Schwierigkeitsgrad: leicht

Zutatenliste für 4 Portionen:

200g Skyr Honig, 40g Himbeeren, 400g Pfirsiche,

Zubereitung:

1. Den Skyr mit den Himbeeren in einen Mixer geben.

2. Die Pfirsiche entsteinen, waschen und ebenfalls in den Mixer geben und für 6 Minuten mixen.

3. Die Creme für mindestens 4 Stunden einfrieren.

Nährwertangaben:

325.9 kcal, Kohlenhydrate 50.8g, Eiweiß 24.5g, Fett 1.8g

Skyr mit heißen Himbeeren

Zubereitungszeit: 20 Minuten

Schwierigkeitsgrad: leicht

Zutatenliste für 4 Portionen:

500g Skyr, 500g Himbeeren TK, 2 Birnen, 3 EL Honig, 1 TL Zimt, 2 TL Rohrzucker, 40ml Wasser

Zubereitung:

1. Die Birnen schälen, entkernen, die Viertel in einer Pfanne anbraten. Den Honig mit dem Zimt und dem Rohrzucker in einen Topf geben, erhitzen, mit dem Wasser ablöschen und die gefrorenen Himbeeren hineingeben. Etwas köcheln lassen.

2. Den Skyr nochmals cremig rühren und auf Behälter verteilen. Die Himbeermasse etwas abkühlen lassen und mit je einer Birnenhälfte in die Behälter geben.

Nährwertangaben:

703.2 kcal, Kohlenhydrate 98.4g, Eiweiß 62.1g, Fett 4.8g

Skyr Kokosriegel

Zubereitungszeit: 30 Minuten

Schwierigkeitsgrad: leicht

Zutatenliste für 6 Portionen:

100g Kokosraspeln, 2 EL Skyr Erdbeere, 2 EL Kokosöl, 2 EL Honig, 1 TL Vanillearoma

Für die Glasur: 1 Tafel Zartbitterschokolade

Zubereitung:

1. Die Kokosraspeln mit dem Skyr vermischen, das Kokosöl erhitzen und dazugeben, den Honig und das Vanillearoma ebenso. Alles durchkneten.

2. Mit den Händen kleine Riegel formen und diese für 3 Stunden in den Kühlschrank stellen.

3. Die Schokolade schmelzen und die Riegel damit überziehen. Nochmals für 1 Stunde in den Kühlschrank stellen.

Nährwertangaben:

937.7 kcal, Kohlenhydrate 13.8g, Eiweiß 11.5g, Fett 89.7g

Frozen Skyr Riegel

Zubereitungszeit: 15 Minuten

Schwierigkeitsgrad: leicht

Zutatenliste für 4 Portionen:

300g Skyr, 1 TL Honig, 1 EL Vanillearoma, 150g Obst nach Wahl, Nüsse nach Wahl

Zubereitung:

1. Den Skyr mit dem Honig cremig rühren. Das Obst vorbereiten und zum Skyr geben, unterheben.

2. Die Nüsse etwas anrösten und hinzufügen.

3. Den Skyr mit dem Obst in Riegelformen geben und über Nacht einfrieren. Es gehen auch Eisformen für Eis am Stiel.

Nährwertangaben:

264.9 kcal, Kohlenhydrate 26.4g, Eiweiß 34.8g, Fett 1.5g

Apfel Skyr

Zubereitungszeit: 15 Minuten

Schwierigkeitsgrad: leicht

Kosten pro Portion: 0,63€

Zutatenliste für 12 Portionen:

500g Äpfel, 200g Skyr Vanille, 100g Himbeeren, 6 EL Zitrone, 1 EL Honig, 20ml Wasser, 1 TL Zimt, 30ml Kokosmilch

Zubereitung:

1. Die Äpfel waschen und das Kerngehäuse ausstechen, sodass der Apfel ganz bleibt. Dann den Apfel in Scheiben schneiden. Das Wasser mit dem Honig und der Zitrone mischen und die Apfelscheiben hineinlegen, damit sie nicht braun werden.

2. Den Skyr mit den Himbeeren und dem Zimt sowie der Kokosmilch in eine Schüssel geben und mit dem Stabmixer durchmixen.

3. Die Apfelscheiben in das heiße Waffeleisen legen und braten. Den Himbeer Skyr darübergeben.

Nährwertangaben:

533.3 kcal, Kohlenhydrate 88.6g, Eiweiß 24.7g, Fett 7.4g

Skyr Eiscreme mit Kokosmilch

Zubereitungszeit: 10 Minuten

Schwierigkeitsgrad: leicht

Zutatenliste für 4 Portionen:

500g Skyr, 120g Vanillejoghurt, 80ml Kokosmilch, 100ml Sahne, 80g Kokoszucker, 250g Beerenmix TK

Zubereitung:

1. Die Beeren etwas antauen lassen und in einen Mixer füllen, 3 Minuten mixen.

2. Skyr und Joghurt mit der Milch, Sahne und Zucker vermischen, bis die Masse cremig wird.

3. Die Beerenmasse unterheben.

4. Mindestens 5 Stunden einfrieren.

Nährwertangaben:

895.1 kcal, Kohlenhydrate 50g, Eiweiß 66.3g, Fett 45g

Skyr Schmarren

Zubereitungszeit: 30 Minuten

Schwierigkeitsgrad: leicht

Zutatenliste für 4 Portionen:

6 Eier, 300g Skyr, 200ml Hafermilch, 90g Birkenzucker, 1 Prise Salz, 200g Dinkelmehl, 10g Chia Samen, 1 Päckchen Backpulver, 2 TL Kokosöl zum Braten, Zimt oder 1-2 Tropfen Vanillearoma

Zubereitung:

1. Die Eier trennen, Eiweiß mit dem Salz steifschlagen.

2. Das Eigelb mit den restlichen Zutaten zu einem Teig verrühren. Den Eischnee unterheben.

3. Das Kokosöl erhitzen, den Teig hineingeben. Den Teig mit dem Schaber in Stücke teilen und wenden.

Nährwertangaben:

1831.9 kcal, Kohlenhydrate 222.7g, Eiweiß 85.0g, Fett 61.3g

Skyr Muffins

Zubereitungszeit: 30 Minuten

Schwierigkeitsgrad: leicht

Zutatenliste für 12 Portionen:

500g Skyr, 2 Eier, 80g Blaubeeren, 1 Päckchen Puddingpulver Schoko, 2 EL Grieß, 100g Xucker oder Rohrzucker oder ein anderer Zuckerersatz, 12 Muffinförmchen

Zubereitung:

1. Die Blaubeeren waschen und abtropfen lassen. Die Zutaten zusammen in eine Schüssel geben und verrühren.

2. Den Backofen auf 200°C Ober- und Unterhitze vorheizen, ein Backblech mit Backpapier auslegen.

3. Den Teig mit 2 Esslöffeln in die Muffinförmchen geben. Für 20-25 Minuten in den Ofen schieben.

Nährwertangaben:

1410.2 kcal, Kohlenhydrate 251.2g, Eiweiß 65.9g, Fett 11.8g

Skyr Melone mit karamelisierten Chia Samen

Zubereitungszeit: 30 Minuten

Schwierigkeitsgrad: leicht

Zutatenliste für 4 Portionen:

1 Honigmelone, 2 EL Honig, 4 EL Zucker, 1 EL Wasser, 4 EL Rum oder Rum-Aroma, 350g Skyr, 200ml Sahne, 1 Päckchen Vanillezucker

Zubereitung:

1. Die Honigmelone schälen, die Kerne entfernen und in kleine Würfel schneiden. 2 EL Honig dazugeben, verteilen und kalt stellen.

2. Den Zucker mit dem Wasser in einen Topf geben, bei milder Hitze verflüssigen und die Chia Samen hineingeben. Ständig rühren. Mit Rum ablöschen, diesen dann verdampfen lassen. Die Masse auf ein Backpapier schütten zum Abkühlen.

3. Den Skyr mit dem Vanillezucker mischen, für 20 Minuten zur Melone in den Kühlschrank stellen. Die Sahne aufschlagen, Skyr unterheben.

4. In Schalen füllen, Melone darauf verteilen. Die Chia Samen auseinander brechen und darüber verstreuen.

Nährwertangaben:

1227.4 kcal, Kohlenhydrate 139.8g, Eiweiß 41.7g, Fett 52.0g

Skyr Remoulade

Zubereitungszeit: 15 Minuten

Schwierigkeitsgrad: leicht

Zutatenliste für 4 Portionen:

350g Skyr, 1 Knoblauchzehe, 3 Gewürzgurken, 1 Zwiebel, 1 TL Senf, Prise Salz, 100g Naturjoghurt,

Zubereitung:

1. Die Zwiebel und den Knoblauch schälen und raspeln.

2. Die Gewürzgurke abtropfen lassen und in kleine Stücke schneiden.

3. Den Skyr mit dem Joghurt vermischen, den Senf unterheben und die Zwiebel sowie den Knoblauch und die Gurken unterheben.

Dazu schmecken Skyr Fladen.

Nährwertangaben:

358.8 kcal, Kohlenhydrate 33.5g, Eiweiß 46.1g, Fett 3.5g

Skyrcreme mit Ananas und Basilikum

Zubereitungszeit: 30 Minuten

Schwierigkeitsgrad: leicht

Zutatenliste für 4 Portionen:

600g Skyr, 450g Ananasstücke aus der Dose, 16 Basilikumblätter, 3 EL Honig, Mandelblättchen

Zubereitung:

1. Den Skyr in eine Schüssel geben.

2. Den Backofen auf 200°C Ober- und Unterhitze vorheizen, ein Backblech mit Backpapier auslegen.

3. Die Ananas abtropfen lassen und mit dem Honig und dem Basilikum in einem Mixer cremig pürieren. Die Masse zum Skyr in die Schale geben und verrühren.

4. Mit den Mandelblättchen bestreuen.

Nährwertangaben:

837.1 kcal, Kohlenhydrate 96.5g, Eiweiß 75.4g, Fett 14.2g

Skyr Bälle

Zubereitungszeit: 30 Minuten

Schwierigkeitsgrad: leicht

Zutatenliste für 6 Portionen:

500g Skyr, 350g Mehl, 150g weiche Butter, 300g Schinkenwürfel, 200g Käse gerieben, 1/2 Bund Petersilie, Pfeffer

Zubereitung:

1. Die Petersilie waschen und abtrocknen, danach fein hacken. Mit den Schinkenwürfeln vermischen und die restlichen Zutaten hinzufügen.

2. Alles durchkneten und aus dem Teig mehrere kleine Kugeln formen. Diese auf ein Backblech mit Backpapier geben.

3. Für 15 Minuten bei 180°C backen.

Nährwertangaben:

3552.3 kcal, Kohlenhydrate 278.4g, Eiweiß 212.6g, Fett 165.5g

Wolken Skyr

Zubereitungszeit: 30 Minuten

Schwierigkeitsgrad: leicht

Zutatenliste für 4 Portionen:

150g Skyr Vanille, 50g Xucker light, 15g Oats, 2 Tropfen Vanillearoma, 2 Eiklar, 150g Kirschen.

Zubereitung:

1. Den Backofen auf 180 Ober- und Unterhitze vorheizen.

2. Den Skyr, die Oats sowie den Xucker und das Vanillearoma verrühren.

3. Das Eiklar steifschlagen und vorsichtig unterheben. Die Kirschen waschen, entkernen und halbieren.

4. Eine Auflaufform mit Backpapier auslegen, die Masse daraufgeben, glatt streichen und die Kirschen darauf verteilen. Für 30 Minuten in den Ofen schieben. Am besten leicht abkühlen lassen.

Nährwertangaben:

358.4 kcal, Kohlenhydrate 50.4g, Eiweiß 22.9g, Fett 6.2g

Nusstörtchen mit Skyr

Zubereitungszeit: 45 Minuten

Schwierigkeitsgrad: leicht

Zutatenliste für 6 Portionen:

30g Mandeln, 50g Haselnüsse, 10g Pekannüsse, 5 Datteln getrocknet, 50g Haferflocken, 2 EL Honig, 1 Feige, 125g Blaubeeren, 150g Skyr Himbeere

Zubereitung:

1. Die Nüsse und die Datteln sowie 50g Haferflocken und den Honig in einen Mixer geben und zu einem Teig zerkleinern.

2. Den Backofen auf 200°C Ober- und Unterhitze vorheizen, ein Muffinblech einfetten.

3. Den Teig mit den Fingern an den Rand der Muffinformen drücken, sodass eine Vertiefung entsteht. Für 15 Minuten vorbacken und herausholen. Abkühlen lassen und die noch unbefüllten Törtchen aus dem Muffinbech herausnehmen.

4. Die Blaubeeren waschen und abtropfen, die Feige waschen und vierteln. Den Skyr in die Nusstörtchen füllen und die Blaubeeren sowie die Feige als Deko darübergeben.

Nährwertangaben:

1042.8 kcal, Kohlenhydrate 84.2g, Eiweiß 41.7g, Fett 56.6g

Skyr Muffins

Zubereitungszeit: 30 Minuten

Schwierigkeitsgrad: leicht

Zutatenliste für 12 Portionen:

500g Skyr, 2 Eier, 80g Blaubeeren, 1 Päckchen Puddingpulver Schoko, 2 EL Grieß, 100g Zucker, Rohrzucker oder Zuckerersatz, 12 Muffinförmchen

Zubereitung:

1. Die Blaubeeren waschen und abtropfen lassen. Die Zutaten zusammen in eine Schüssel geben und verrühren.

2. Den Backofen auf 200°C Ober- und Unterhitze vorheizen. Ein Backblech mit Backpapier belegen.

3. Den Teig mit 2 Esslöffeln in die Muffinförmchen geben. Für 20-25 Minuten in den Ofen schieben.

Nährwertangaben:

1109.6 kcal, Kohlenhydrate 176.9g, Eiweiß 66.3g, Fett 12.1g

Haftungsausschluss

Die Umsetzung aller enthaltenen Informationen, Anleitungen und Strategien dieses Buches erfolgt auf eigenes Risiko. Für etwaige Schäden jeglicher Art kann der Autor aus keinem Rechtsgrund eine Haftung übernehmen. Für Schäden materieller oder ideeller Art, die durch die Nutzung oder Nichtnutzung der Informationen bzw. durch die Nutzung fehlerhafter und/oder unvollständiger Informationen verursacht wurden, sind Haftungsansprüche gegen den Autor grundsätzlich ausgeschlossen. Ausgeschlossen sind daher auch jegliche Rechts- und Schadenersatzansprüche. Dieses Werk wurde mit größter Sorgfalt nach bestem Wissen und Gewissen erarbeitet und niedergeschrieben. Für die Aktualität, Vollständigkeit und Qualität der Informationen übernimmt der Autor jedoch keinerlei Gewähr. Auch können Druckfehler und Falschinformationen nicht vollständig ausgeschlossen werden. Für fehlerhafte Angaben des Autors kann keine juristische Verantwortung sowie Haftung in irgendeiner Form übernommen werden.

Urheberrecht

1. Auflage

Kontakt: JT-Handels-UG/ Berumer Str. 44/ 26844 Jemgum